COURS
DE
LECTURE
EN DIX LEÇONS.

PRIX : SIX SOUS.

A CARCASSONNE,
CHEZ TOUS LES LIBRAIRES,
et chez l'Auteur, rue du Séminaire, 7.

1837.

COURS DE LECTURE

EN DIX LEÇONS,

DÉDIÉ

AUX MÈRES DE FAMILLE.

Prix : SIX SOUS.

A CARCASSONNE,

CHEZ TOUS LES LIBRAIRES,

ET CHEZ L'AUTEUR, RUE DU SÉMINAIRE, N° 7.

1837.

AVIS.

Tout Exemplaire non revêtu de ma Griffe sera réputé contrefait.

Ant. Ourliac

Pour paraître incessamment :
Ce même COURS DE LECTURE en dix tableaux.

OBSERVATION.

Quand on aura montré et expliqué aux élèves qui commencent, tout ce qui est imprimé en gros caractères, dans toutes les leçons, on leur fera tout voir et tout revoir jusqu'à ce qu'ils sachent lire passablement.

IMPRIMERIE DE C. LABAU.

COURS DE LECTURE
EN DIX LEÇONS.

I.re LEÇON.

Au nom du Père, et du Fils, et du Saint-Esprit. Ainsi soit-il.

DES LETTRES.

Il y a deux sortes de lettres : les *Voyelles* et les *Consonnes*.

Voyelles : A, E, I, O, U, Y.

Ces lettres s'appellent *Voyelles*, parce que, par elles seules, elles forment une voix, c'est-à-dire un son.

Consonnes avec la nouvelle appellation :

B, C, D, F, G, H, J, K, L,
be, ce, de, fe, ge, he, je, ke, le,
M, N, P, Q, R, S, T, V, X, Z.
me, ne, pe, ke, re, se, te, ve, xe, ze.

Celles-ci s'appellent *consonnes*, parce qu'elles ne forment un son qu'avec le secours des voyelles.

— 4 —
VOYELLES.

MINUSCULES ROMAINES.

a   e   i

o   u   y[1]

MAJUSCULES ROMAINES.

A   E   I

O   U   Y[1]

[1] l'*y* se prononce comme l'*i*.

VOYELLES.

MINUSCULES ITALIQUES.

a   *e*   *i*

o   *u*   *y*

MAJUSCULES ITALIQUES.

A   *E*   *I*

O   *U*   *Y*

CONSONNES.

MINUSCULES ROMAINES.

b c d
f g h
j
k
l m n p
q
r s t
v x z

CONSONNES.

MAJUSCULES ROMAINES.

B C D
F G H
  J
  K
L M N P
  Q
R S T
V X Z

CONSONNES.
MINUSCULES ITALIQUES.

b　　*c*　　*d*

f　　*g*　　*h*

j

k

l　　*m*　　*n*　　*p*

q

r　　*s*　　*t*

v　　*x*　　*z*

CONSONNES.

MAJUSCULES ITALIQUES.

B C D

F G H

J

K

L M N P

Q

R S T

V X Z

II.e LEÇON.

DES SYLLABES. 2.

Il y a plusieurs sortes de syllabes.

Syllabes d'une voyelle sans consonne. 3.

a i o u y

SYLLABES
d'une voyelle précédée d'une consonne.

Ba be bi bo bu
Ca ce ci co cu 4
Da de di do du

2 On appelle syllabe une ou plusieurs lettres qui se prononcent en un seul temps, par une seule émission de voix.

3 Il y a souvent des syllabes sans consonne : il n'y en a jamais sans voyelle.

4 Prononcez : ka se si ko ku.

avec *e*, *i*, le *c* se prononce comme le *s* ; mais avec *a*, *o*, *u*, il se prononce comme le *k* : au lieu de

ka ko ku on dit sa so su,

quand on voit sous le *c* un petit signe qu'on appelle cédille ; exemple :

Fa-çon, le-çon, fa-ça-de, re-çu.

Fa	fe	fi	fo	fu
Ga	ge	gi	go	gu 5
Ha	he	hi	ho	hu 6
Ja	je	ji	jo	ju
Ka	ke	ki	ko	ku
La	le	li	lo	lu
Ma	me	mi	mo	mu
Na	ne	ni	no	nu
Pa	pe	pi	po	pu
Qua	que	qui	quo	qu'u 7
Ra	re	ri	ro	ru
Sa	se	si	so	su
Ta	te	ti	to	tu
Va	ve	vi	vo	vu
Za	ze	zi	zo	zu

5 Avec l'*e* et l'*i*, le *g* se prononce comme le *j*; mais avec l'*a*, l'*o* et l'*u*, il se prononce *gue*.

6 Pron. : a e i o u.

La lettre *h* est souvent entièrement nulle.

7 Pron. : ka ke ki ko ku.

Le *q* se prononce comme le *k*, et l'*u* qui le suit est presque toujours nul.

SYLLABES

d'une voyelle précédée de deux consonnes.

Bla	ble	bli	blo	blu
Bra	bre	bri	bro	bru
Cha	che	chi	cho	chu
Cla	cle	cli	clo	clu
Cra	cre	cri	cro	cru
Dra	dre	dri	dro	dru
Fla	fle	fli	flo	flu
Fra	fre	fri	fro	fru
Gla	gle	gli	glo	glu
Gna	gne	gni	gno	gnu
Gra	gre	gri	gro	gru
Pha	phe	phi	pho	phu 8 1°
Pla	ple	pli	plo	plu
Pra	pre	pri	pro	pru

---

8 1° Pron. fa fe fi fo fu.
   2°   fra fre fri fro fru

PH se prononce comme le *F*.

Rha	rhe	rhi	rho	rhu	9 1°
Sca	sce	sci	sco	scu	10
Spa	spe	spi	spo	spu	
Sta	ste	sti	sto	stu	
Tha	the	thi	tho	thu	9 2°
Tra	tre	tri	tro	tru	
Vra	vre	vri	vro	vru	

SYLLABES

D'une voyelle précédée de trois consonnes.

Chra	chre	chri	chro	chru	9 3°
Phra	phre	phri	phro	phru	8 2°
Scra	scre	scri	scro	scru	
Stra	stre	stri	stro	stru	

9 1° Pron. ra re ri ro ru.
  2°   ta te ti to tu.
  3°   cra cre cri cro cru.

Il est nul après R et après T, et entre C et R.

10 Pron. sca se si sco scu :

Le *s* est nul dans *sce*, et dans *sci*.

IIIe LEÇON.

DES MOTS.[11]

MOTS DIVISÉS EN SYLLABES.

A-man-de, a-ve-li-ne, a-ze-ro-le ;
I-ma-ge, i-di-o-tis-me, i-do-le ;
O-ran-ge, o-li-ve, o-pi-ni-on ;
U-ti-le, u-na-ni-me, u-ni-on ;
La bi-co-que, le ba-di-na-ge ;
Le bal, la bu-re, le bo-ca-ge ;
Le ci-li-ce, le ca-li-cot ;
La ca-ni-cu-le, le co-co ;
Le con-ci-le, la ca-non-na-de ;
Le ca-le-çon, la ca-val-ca-de ;
La co-car-de, le con-cor-dat ;
Le ca-pa-ra-çon, le com-bat ;
La da-me, la du-pe, le dô-me ;
Le fil, la fol-le, le fan-tô-me ;
Le for-çat, la ga-ze, le gond ;
La gi-ra-fe, la gi-ran-do-le ;

[11] On appelle mot une ou plusieurs syllabes qui présentent une idée.

La gom-me-gut-te, la gon-do-le :
Le gar-çon, l'ha-bit, l'his-tri-on; 12
La ha-che, le hu-ron, l'hos-pi-ce ;
Le jonc, le jam-bon, la jus-ti-ce;
Le jar-di-na-ge, le ju-ry ;
Le ki-os-que, le ka-ba-ni ;
La lo-ge, la lam-pe, la li-ce ;
Le mort, le ma-çon, la milice ;
La mon-tu-re, le mar-mi-ton ;
La no-ce, la nu-que, la nap-pe ;
La pom-me, la pi-que, le pa-pe ;
La quit-tan-ce, le quar-te-ron ;
Le rus-se, le roc, la ra-pi-ne ;
La ran-çon, le riz, la ra-ci-ne ;
Le sac, le son-ge, le sul-tan ;
Le sa-ge, le sot, la Sor-bon-ne ;
Le ty-ran, le tam-pon, la ton-ne ;
Le tir, la to-que, le tur-ban ;

12 Cette petite figure qui est entre la lettre *l* et la lettre *h* dans l'histrion, s'appelle apostrophe : elle n'ajoute rien à la prononciation, mais elle sert à marquer la suppression d'un *a*, ou d'un *e* muet, ou d'un *i*.

La vil-le, le va-ga-bon-da-ge ;
Le vol, le val-lon, le vil-la-ge ;
Le zic-zac, l'a-zur, l'ho-ri-zon ;
La zi-be-li-ne, le ga-zon ;
La blon-di-ne, le blan-chis-sa-ge ;
Le bras, la bro-che, le bru-tal ;
La Bre-ta-gne, le bri-gan-da-ge ;
Le char, la chu-te, le che-val ;
Le cha-ri-va-ri, le chô-ma-ge ;
Le chat, le chif-fon, le che-nal ;
Le clo-a-que, la cla-vi-cu-le ;
La clas-se, la clo-che, le clan ;
Le cro-co-di-le, la cra-pu-le ;
La cru-che, la cros-se, le cran ;
Le drô-le, le drap, la dry-a-de ;
Le dru-i-de, la dra-gon-na-de ;
La flôt-te, le flux, le fla-con ;
Le flu-i-de, la flat-te-rie [13] ;
Le froc, le frac, la fri-pe-rie ;
La fran-gi-pa-ne, le fris-son ;

[13] L'e qui est sans accent est toujours nul à la fin d'une syllabe et à la fin d'un mot, quand il est précédé d'une voyelle.

La gla-ce, la glu, la glis-sa-de;
La grot-te, la grip-pe, le gra-de;
L'o-gnon, le si-gnal, le gro-gnard;
Le phi-lo-so-phe 14, la pha-lan-ge;
Le pho-que, le pha-re, la fan-ge;
Le plomb, la plu-me, le pla-card;
Le pro-fa-ne, la pru-de-rie;
La pra-ti-que, le pro-nos-tic;
Le pro-gram-me, la pro-so-die,
La rhu-bar-be, le rha-pon-tic;
La sci-a-ti-que; le scan-da-le;
La sco-las-ti-que, la spi-ra-le;
La spa-tu-le, le sti-mu-lant;
Le sta-tut, le thyr-se, Tha-lie;
Le tra-fi-cant, la tri-che-rie;
Le troc, la truf-fe, le tran-chant;
Le scribe, le chris-ti-a-nis-me;
Le chro-no-lo-gis-te, le schis-me;
La phra-se, le front, le scru-tin;
Le scru-pu-le, le stra-pon-tin.

14 le *s* entre deux voyelles se prononce comme le z.

3

IV.ᵉ LEÇON.

DE L'*E* ET DE L'*I*.

1º *De l'e.*

Il y a trois sortes d'*e* : l'*e* muet, l'*é* fermé et l'*è* ouvert.

L'*e muet* a un son sourd et peu sensible. Ex.

> hom-me, mon-de.

L'*e fermé* se prononce la bouche presque fermée. Exemple :

> é-qui-té, bon-té, vé-ri-té.

Pour bien prononcer l'*è ouvert*, il faut avoir la bouche très-ouverte. Exemple :

> pro-grès, suc-cès, com-pè-re.

On appelle accent aigu, le petit signe qui est sur l'*é* fermé, et accent grave celui qui est sur l'*è* ouvert.

Il y a un troisième accent que l'on appelle circonflexe : ce dernier se met sur la plupart des voyelles longues. Exemple :

> â-ge, flû-te, gî-te, rô-ti.

L'*é* couvert de l'accent circonflexe, se prononce comme l'*é* ouvert. Exemple :

tê-te, rê-ve, fê-te, tem-pê-te.
è   è   è   è

L'*e* muet est toujours sans accent ; mais l'*e* qui est sans accent, n'est pas toujours muet : il est souvent nul, ou se prononce comme l'*é* fermé, ou comme l'*é* ouvert, ou comme l'*a*.

1° Il est muet à la fin d'une syllabe et à la fin d'un mot, quand il est précédé d'une consonne. Exemple :

hom-me, mon-de,
a-ve-nir, me-na-ce, re-pos.

Précédé d'une voyelle, il est nul. Exemple :

ar-mée ré-u-nie, rue, is-sue.
mé   ni   ru   su

le ma-nie-ment, le dé-nue-ment.
ni   nu

Remarque. Quoique précédé d'une consonne, il est encore nul à la fin d'un mot qui doit être lié avec la voyelle qui suit. Exemp. :

com-me u-ne i-ma-ge.

PRONONCEZ :

ko-mu-ni-ma-ge.

2° Suivi d'une consonne avec laquelle il forme une syllabe, cet *e* sans accent est ordinairement ouvert ou fermé. Exemple :

la mer, l'é-ter-nel, le se-cret.
è   è è   è

al-lez di-ner et re-ve-nez.
é   é é   é

3° Si cette consonne est un *m*, cet *e* se prononce comme l'*a*. Exemple :

le temps, la fem-me.
a   a

4° Avec un *n*, il fait *an* quand il est précédé d'une consonne; précédé d'un *i*, il se prononce comme *in* dans *jardin*. Exemple :

la pru-den-ce et la pro-vi-den-ce.
an   an

le chien et le phar-ma-cien.
in   in

EXCEPTION.

La sci-en-ce, l'ex-pé-ri-en-ce, *etc.*
　　an　　　　　　　　an

5° Avec *nt*, il fait aussi *an* ou *in*. Exemple :

le ser-gent et le ré-gi-ment.
　　　an　　　　　　　an

il me con-vient, il m'ap-par-tient.
　　　　in　　　　　　　　in

EXCEPTION.

Le cli-ent, l'in-con-vé-ni-ent, *etc.*
　　　an　　　　　　　　an

Remarque. Avec *nt*, il est toujours muet après une consonne, et nul après une voyelle, à la fin de tous les mots avant lesquels on peut mettre *ils* ou *elles*. Exemple :

ils par-lent, *ils* ja-sent.
　　　　le　　　　　ze

ils é-tu-dient, *ils* s'é-ver-tuent.
　　　　di　　　　　　　tu

6° Enfin, avec un *s*, il est aussi muet ou nul à la fin d'un mot. Exemple :

pom-mes, fi-gues, pis-ta-ches.
me   gue   che

ar-mées ré-u-nies, rues, is-sues.
mé   ni   ru   su

Remarque il est ouvert dans

mes, tes, ses, ces, des, les, tu es.
è   è   è   è   è   è   è

2.° *De l'*i.

Seul ou avec un *a*, ou un *e* sans accent, et suivi dans la même syllabe d'un *m* ou d'un *n*, l'*i* se prononce comme dans *impôt, jardin*. Exemple :

Mar-tin, le sin-ge et le pan-tin.
le pain, la main et le par-rain.
le sein, le seing, le teint, les reins.

Mais dans *im* et *in*, suivis dans le même mot d'un *m*, ou d'un *n*, ou d'une *voyelle*, ou d'un *h* muet, l'*i* conserve le son qui lui est naturel. Exemple :

im-men-se, in-né, in-a-ni-mé.

Vᵉ LEÇON.

DES CONSONNES *H*, *M*, *T*, *X*.

H.

H est muet ou aspiré :
H muet n'a aucune valeur. Exemple :

l'hon-nê-te hom-me.

PRONONCEZ :

lo-nè-to-me.

H aspiré fait prononcer du gosier et avec aspiration la voyelle qui suit, et celle qui précède se prononce alors comme avant les autres consonnes. Exemple :

le hé-ros, le hu-ron, la ha-che.

Mais si la lettre qui précède est une consonne, cette consonne se fait sentir bien rarement. Exemple :

les hé-ros, les hu-rons, les ha-ches
lè   lè   lè

M.

A la fin d'une syllabe et à la fin d'un mot, le *m* n'a bien souvent que la valeur du *n*. Exemple :

Em-pi-re , nom.
  n   n

T.

Suivi d'une voyelle, *ti* se prononce souvent comme ci.

1° On prononce *ti* dans *tion*, quand le mot *nous* se trouve avant le mot terminé en *tion*. Exemple :

nous por-tions, *nous* in-ven-tions.
     ti   ti

Mais quand le mot *nous* ne s'y trouve pas, on dit *ci*. Exemple :

les por-tions, *les* in-ven-tions.
     ci   ci

Remarque. Précédé d'un *s* ou d'un *x*, *ti* fait *ti*. Exemple :

mix-tion , in-di-ges-tion,
  ti   ti

2º Avec *tiè*, *tié*, *tiez*, *tier* on dit *ti*. Ex. :

la por-tiè-re et le bi-jou-tier.
     ti   ti

la pi-tié, l'a-mi-tié
    ti   ti

vous res-tiez, vous sor-tiez.
      ti   ti

Exception.

i-ni-tié, bal-bu-tié, etc.
  ci   ci

Mais avec *tial*, *tiel*, *tieux*, on dit *ci*. Ex. :

im-par-tial, es-sen-tiel, am-bi-tieux
     ci   ci   ci

Remarque. *Thi* fait toujours *ti*. Exemple :

sym-pa-thie, an-ti-pa-thie.
    ti   ti

X.

X se prononce comme *k*, ou comme *ks*, ou comme *gz*, ou comme *ç*, ou comme *z*. Exemple :

ex-cep-tion , ex-ci-ta-tion.
  k   k

maxi-me , axi-o-me.
 ks   ks

exem-ple, exer-ci-ce ,
 gz   gz

exa-men.
  gz

soi-xan-te.
    ç

si-xiè-me , di-xiè-me.
  z   z

VI.e LEÇON.

DES VOYELLES DOUBLES ET TRIPLES, ET DES SONS MOUILLÉS.

1° *Des voyelles doubles et triples qui forment un son simple, et de l'*u.

Ces voyelles sont : *ea, ai, eai, ei, au, eau, eo, eu, œ, ou.*

PRONONCEZ :

ea	com-me	a.
ai, eai, ei	com-me	é *ou* è.
au, eau, eo	com-me	o.
eu	com-me dans	feu.
et quelquefois	com-me	u.
u suivi d'un *n*	com-me	eu.
œ	com-me é, *ou* c, *ou* eu.	
ou	com-me dans	fou.

EXEMPLES :

ea : Jean man-gea, Jean dé-lo-gea.
 Jan ja Jan ja

ai : je par-le-rai, je chan-te-rai ;
             é   é

je par-le-rais, je chan-te-rais.
         è   è

eai : je man-geai, je dé-lo-geai ;
            é   é

je man-geais, je dé-lo-geais.
      è   è

ei : pei-gné, pei-né ;
        é   é

pei-gne, rei-ne, pei-ne, ba-lei-ne.
 è   è   è   è

au : le ré-chaud, le saut, l'ar-ti-chaut.
          o   o   o

eau : le veau, le ba-teau, le tau-reau.
        o   o   o

eo : le pi-geon, le plon-geon.
       jon   jon

eu : aveu mal-heu-reux.
     eu   eu eu

nous eû-mes eu, ils eu-rent eu.
   u u u   u

u 15 : quel-qu'un, cha-cun, com-mun,
     eun   eun   eun

œ 16 : œ-cu-mé-ni-que.
    é

le vœu, le nœud.
 eu eu

œuil de bœuf, œuil de per-drix.
euil   euil

ou : le clou, le trou, le jou-jou.
   ou ou ou ou

15 L'*u* se prononce *eu* quand il est suivi d'un *n* avec lequel il forme une syllabe.

16 *Œ* se prononce comme *é* avant une consonne, comme *eu* avec *u*, et comme *euil* avec *il*.

2° *Des voyelles doubles et triples qui forment un son double, et de l'y.*

Ces voyelles sont : *ia, ié, iè, iai, ieu, io, iau, oi, eoi, ui, oui.*

Prononcez :

ia	com-me dans	ra-ta-fia.
ié	com-me dans	a-mi-tié.
iè	com-me dans	ri-viè-re.
iai	com-me	ié *ou* iè,
ieu	com-me dans	Dieu.
io	com-me dans	fio-le.
iau	com-me	io.
oi, eoi	com-me	oa.
ui	com-me dans	nuit.
oui	com-me dans	Louis.
y	com-me	i *ou* ii.

Exemples :

ia : il dé-lia, il con-fia.

ié : il a dé-lié, con-fié

iè : la lai-tiè-re et la cou-tu-riè-re.

iai : je dé-liai, je con-fiai.

ié ié

je dé-liais, je con-fiais.
iè iè
ieu : les cieux, les vieux.
io : u-ne vio-le, u-ne ba-bio-le.
iau : les chats miau-lent.
io
oi : la loi, le Roi.
oa oa
eoi : les bour-geois, les vil-la-geois.
joa joa
ui : la pluie, l'en-nui.
oui : é-bloui, ré-joui.
y 17 : les yeux, le dey.
i i
la sy-na-go-gue et les mar-tyrs.
i i
les tuyaux, les joyaux.
i-i i-i

17 Au commencement, ou à la fin d'un mot, ou seul, l'*y* n'a que la valeur d'un *i*.

Il n'a aussi que la valeur d'un *i* dans le corps d'un mot quand il est précédé d'une *consonne*; mais il en vaut deux, quand il est précédé d'une *voyelle*.

3º *Des sons mouillés.*

Double dans le corps d'un mot, ou simple à la fin, *l* est quelquefois mouillé quand il est précédé d'un *i*. Exemple :

Ba-bil, pé-ril, grille, fa-mille.

Il l'est toujours quand cet *i* est précédé d'une autre voyelle. Exemple :

ail, eil, euil, ueil, ouil.

Prononcez :

ail	com-me dans	é-mail.
eil	com-me dans	so-leil.
euil	com-me dans	cer-feuil.
ueil	com-me euil	or-gueil.
ouil	com-me dans	fe-nouil.

VIIe LEÇON.

DES CONSONNES NULLES.

1° *Consonnes nulles à la fin d'une syllabe* :
B, C, F, G, L, M, N, P, R, T.

Une *consonne* est ordinairement nulle à la fin d'une *syllabe*, lorsque dans le même mot la même consonne se trouve au commencement de la syllabe qui suit. Exemple :

ON ÉCRIT :	ON PRONONCE :
ab-bé, rab-bin.	a-bé, ra-bin.
ac-cor-dé.	a-cor-dé.
é-tof-fe, grif-fe.	é-to-fe, gri-fe.
ag-glo-mé-ré.	a-glo-mé-ré.
vil-le, tran-quil-le.	vi-le, tran-qui-le.
pom-me, gom-me.	po-me, go-me.
don-né, é-ton-né.	do-né, é-to-né.
nap-pe, grip-pe.	na-pe, gri-pe.
beur-re, mar-ron.	beu-re, ma-ron.
chat-te, bot-te.	cha-te, bo-te.

Les Maîtres, l'usage et le dictionnaire feront connaître les exceptions.

2° *Consonnes-nulles à la fin d'un mot.*

Toutes les consonnes sont pour l'ordinaire nulles à la fin des mots, excepté *c, f, l, m, n, r.*

Ces dernières consonnes même ne se font pas toujours sentir dans la prononciation.

Le *c* ne se prononce pas dans

Al-ma-nac, ta-bac, es-to-mac, etc.
   na ba   ma

Ni dans

 blanc, franc, clerc, jonc, etc.
 blan fran cler jon

Le *f* ne se prononce pas non plus dans

 clef, cerf-volant, œufs-frais,
 clé cer-volan eu-frè

  les œufs, les bœufs, etc.
   eu   beu

Ni le *l* dans

 outil, fusil, fils, chenil, etc.
 ti zi fi ni

Le *m* n'est pas nul à la fin d'un mot ; mais il n'a alors que la valeur du *n*. Exemple :

les champs, le prin-temps.
chan · tan

Quant au *n*, il n'est nul que dans *ent*, à la fin des mots avant lesquels on peut mettre *ils* ou *elles*. Exemple :

ils chan-tent, ils dan-sent,
te se

Enfin le *r* se fait rarement sentir dans la prononciation quand il est précédé d'un *e*. Exemple :

l'é-co-lier et le jar-di-nier.
é é

il faut étu-dier, tra-vail-ler.
é é

VIIIe LEÇON.

PRI-È-RE DU MA-TIN.

Lors-qu'on s'é-veil-le, il faut é-le-ver son cœur à Dieu par quel-que pri-è-re fer-ven-te, di-sant par exem-ple : Mon Dieu, je vous don-ne mon cœur, fai-tes-moi la grâ-ce de ne vi-vre que pour vous.

En se le-vant, on doit fai-re le si-gne de la Croix, di-sant : Au nom du Pè-re et du Fils et du Saint-Es-prit. Ain-si soit-il.

Quand on est ha-bil-lé, il faut pren-dre de l'eau bé-ni-te, se met-tre à ge-noux dè-vant un Cru-ci-fix ou quel-qu'au-tre i-ma-ge de pi-é-té, fai-re le si-gne de la Croix, et di-re :

Ve-nez, Es-prit-Saint, rem-plis-sez les cœurs de vos fi-dè-les ser-vi-teurs, et al-lu-mez en eux le feu sa-cré de vo-tre a-mour.

Ac-te d'A-do-ra-tion.

Mon Dieu, qui ê-tes i-ci pré-sent, pros-ter-né de-vant vo-tre di-vi-ne Ma-jes-té, je vous a-do-re com-me mon sou-ve-rain Sei-gneur, mon Cré-a-teur, mon pre-mier prin-ci-pe et ma der-niè-re fin.

Ac-te de Re-mer-ci-ment.

Je vous rends grâ-ces, ô mon Dieu, de tous les biens que j'ai re-çus de vo-tre li-bé-ra-le bon-té, de ce que vous m'a-vez don-né u-ne â-me ca-pa-ble de vous con-naî-tre et de vous ai-mer, de ce que vous m'a-vez ra-che-té par le sang pré-ci-eux de No-tre-Sei-gneur Jé-sus-

Christ vo-tre fils, et de ce que vous m'a-vez nour-ri et con-ser-vé de-puis que je suis au mon-de.

Ac-te de Con-tri-tion.

Je vous de-man-de très-hum-ble-ment par-don, mon Dieu, de tous les pé-chés que j'ai com-mis con-tre vo-tre a-do-ra-ble Ma-jes-té : j'en ai u-ne très-gran-de dou-leur, par-ce que vous ê-tes in-fi-ni-ment bon, et que le pé-ché vous dé-plaît ; je le dé-tes-te de tout mon cœur, et je fais u-ne fer-me ré-so-lu-tion de m'en cor-ri-ger par le se-cours de vo-tre grâ-ce.

Ac-te d'Of-fran-de.

Re-ce-vez, Sei-gneur, l'of-fran-de que je vous fais au-jour-d'hui de moi-mê-me, de mes sen-ti-ments, de mes pa-ro-les, de mes ac-tions, et de tout ce que je souf-fri-rai. Je dé-si-re n'a-gir et ne souf-frir que pour vo-tre gloi-re, par-ce que je vous ai-me plus que tout ce qui est au mon-de, et je ne dé-si-re vi-vre que pour vous.

Ac-te de De-man-de.

Je vous prie, mon Dieu, de me fai-re la grâ-ce de vous ser-vir fi-dè-le-ment, et d'é-vi-ter le pé-ché non-seu-le-ment au-jour-d'hui, mais pendant tou-te ma vie. Dé-fen-dez-moi des en-ne-mis de mon sa-lut, ga-ran-tis-sez-moi de tou-te sor-te de dan-gers, bé-nis-sez tou-tes mes ac-tions par les mé-ri-tes de No-tre-Sei-gneur Jé-sus-Christ vo-tre fils, par l'in-ter-ces-sion de la Sain-te Vier-ge Ma-rie, de mon bon An-ge Gar-dien, de mes bien-heu-reux pa-trons, et de tous les Saints.

L'O-rai-son Do-mi-ni-ca-le.

No-tre Pè-re, qui ê-tes aux cieux, que vo-tre nom soit sanc-ti-fi-é; que vo-tre rè-gne ar-ri-ve; que vo-tre vo-lon-té soit fai-te sur la ter-re com-me au ciel; don-nez-nous au-jour-d'hui no-tre pain quo-ti-di-en; par-don-nez-nous nos pé-chés, com-me nous par-don-nons à ceux qui nous ont of-fen-sés, et ne nous a-ban-don-nez pas à la ten-ta-tion; mais dé-li-vrez-nous du mal. Ain-si soit-il.

La Sa-lu-ta-tion An-gé-li-que.

Je vous sa-lue, Ma-rie, plei-ne de grâ-ce; le Sei-gneur est a-vec vous. Vous êtes bé-nie en-tre tou-tes les fem-mes, et Jé-sus le fruit de vos en-trail-les est bé-ni.

Sain-te Ma-rie, mè-re de Dieu, pri-ez pour nous pau-vres pé-cheurs, main-te-nant et à l'heu-re de no-tre mort. Ain-si soit-il

Le Sym-bo-le des A-pô-tres.

Je crois en Dieu le Pè-re tout-puis-sant, cré-a-teur du ciel et de la ter-re, et en Jé-sus-Christ son fils u-ni-que no-tre Sei-gneur, qui a é-té con-çu du Saint-Es-prit, est né de la Vier-ge Ma-rie, a souf-fert sous Pon-ce-Pi-la-te, a é-té cru-ci-fi-é, est mort, et a é-té en-se-ve-li, est des-cen-du aux en-fers; est res-sus-ci-té d'en-tre les morts le troi-siè-me jour; est mon-té aux cieux, est as-sis à la droi-te de Dieu le Pè-re tout-puis-sant, d'où il vien-dra ju-ger les vi-vants et les morts.

Je crois au Saint-Es-prit, la sain-te E-gli-se ca-tho-li-que, la com-mu-nion des Saints, la ré-mis-sion des pé-chés, la ré-sur-rec-tion de la chair, la vie é-ter-nel-le. Ain-si soit-il.

Les Com-man-de-ments de Dieu.

1. Un seul Dieu tu a-do-re-ras,
 Et ai-me-ras par-fai-te-ment.
2. Dieu en vain tu ne ju-re-ras,
 Ni au-tre cho-se pa-reil-le-ment.
3. Les Di-man-ches tu gar-de-ras,
 En ser-vant Dieu dé-vo-te-ment.
4. Tes pè-re et mè-re ho-no-re-ras,
 A-fin de vi-vre lon-gue-ment.
5. Ho-mi-ci-de point ne se-ras,
 De fait ni vo-lon-tai-re-ment.
6. Lu-xu-ri-eux point ne se-ras,
 De corps ni de con-sen-te-ment.
7. Le bien d'au-trui tu ne pren-dras,
 Ni re-tien-dras à ton es-cient.
8. Faux té-moi-gna-ge ne di-ras,
 Ni men-ti-ras au-cu-ne-ment.

9. L'œu-vre de la chair ne dé-si-re-ras,
   Qu'en ma-ri-a-ge seu-le-ment.
10. Biens d'au-trui ne con-voi-te-ras,
    Pour les a-voir in-jus-te-ment.

Com-man-de-ments de l'E-gli-se.

1. Les Di-man-ches Mes-se ou-ï-ras
   Et les Fê-tes pa-reil-le-ment.
2. Les Fê-tes tu sanc-ti-fie-ras,
   Qui te sont de com-man-de-ment.
3. Tous tes pé-chés con-fes-se-ras
   A tout le moins u-ne fois l'an.
4. Ton Cré-a-teur tu re-ce-vras
   Au moins à Pâ-ques hum-ble-ment.
5. Qua-tre-temps, Vi-gi-les jeû-ne-ras,
   Et le Ca-rê-me en-tiè-re-ment.
6. Ven-dre-di chair ne man-ge-ras,
   Ni le sa-me-di mê-me-ment.
7. Hors le temps no-ces ne fe-ras.

Pri-è-re à l'An-ge Gar-dien.

Mon bon An-ge, con-ti-nu-ez-moi

vos cha-ri-ta-bles soins : ins-pi-rez-moi la vo-lon-té de Dieu dans tou-tes les ac-tions de cet-te jour-née, et con-dui-sez-moi dans les voies de mon sa-lut.

PRI-È-RES PEN-DANT LE JOUR.

A-vant le Tra-vail.

Mon Dieu, je vous of-fre mon tra-vail et tou-tes mes ac-tions. Je sou-hai-te que ce soit pour vo-tre a-mour, pour vo-tre gloi-re et pour mon salut. Don-nez-y, Sei-gneur, vo-tre bé-né-dic-tion.

A-vant le Re-pas.

℣. Bé-nis-sez.
℟. Que ce soit le Sei-gneur.
Bé-né-dic-tion. Que No-tre-Sei-gneur Jé-sus-Christ bé-nis-se nos

per-son-nes et la nour-ri-tu-re que nous al-lons pren-dre.

Au nom du Pè-re, et du Fils, et du Saint-Es-prit. Ain-si soit-il.

A-près le Re-pas.

Nous vous ren-dons grâ-ces pour tous vos bien-faits, ô Dieu tout-puis-sant, qui vi-vez et ré-gnez dans tous les siè-cles des siè-cles. Ain-si soit-il.

℣. Bé-nis-sons le Sei-gneur.
℟. Ren-dons grâ-ces à Dieu.

Que les â-mes des fi-dè-les dé-funts re-po-sent en paix, par la mi-sé-ri-cor-de de Dieu. Ain-si soit-il.

Quand on son-ne l'An-ge-lus.

L'An-ge du Sei-gneur an-non-ça à la sain-te Vier-ge Ma-rie qu'el-le en-fan-te-rait le Sau-veur ; et el-le con-çut par l'o-pé-ra-tion du Saint-Es-prit.

Je vous sa-lue, etc.

Voi-ci la ser-van-te du Sei-gneur; qu'il me soit fait se-lon vo-tre pa-ro-le.

Je vous sa-lue, etc.

Et le Ver-be é-ter-nel a é-té fait chair, et il a ha-bi-té par-mi nous.

Je vous sa-lue, etc.

Prions.

Sei-gneur, ré-pan-dez vo-tre grâ-ce dans nos cœurs, a-fin qu'ayant con-nu par la voix de l'An-ge le mys-tè-re de l'In-car-na-tion de vo-tre Fils, nous puis-sions ar-ri-ver heu-reu-se-ment, par les mé-ri-tes de sa Pas-sion et de sa Croix, à la gloi-re de la Ré-sur-rec-tion. Ain-si soit-il.

PRI-È-RE DU SOIR.

Tou-te la fa-mil-le s'é-tant mi-se à ge-noux de-vant un Cru-ci-fix, ou quel-qu'au-tre i-ma-ge de pi-é-té, cha-cun fe-ra le si-gne de la Croix, et un des as-sis-tants di-ra :

Ve-nez, Es-prit Saint, rem-plis-sez les cœurs de vos fi-dè-les ser-vi-teurs, et al-lu-mez en eux le feu sa-cré de vo-tre a-mour.

Met-tons-nous en la pré-sen-ce de Dieu, et a-près l'a-voir a-do-ré, ren-dons-lui grâ-ce de tous les biens que nous a-vons re-çus de sa bon-té in-fi-nie, et prin-ci-pa-le-ment au-jour-d'hui.

Mon Dieu, qui ê-tes i-ci pré-sent, je vous a-do-re com-me mon Sou-ve-rain Sei-gneur; je vous re-mer-cie de ce que vous m'a-vez don-né la vie, de ce que vous m'a-vez ra-che-té au prix de vo-tre sang, fait Chré-tien et Ca-tho-li-que, nour-ri, pro-té-gé et con-ser-vé jus-qu'à cet-te heu-re, non-obs-tant mes pé-chés qui m'ont ren-du in-di-gne de re-ce-voir ces ef-fets de vo-tre ten-dres-se et de vo-tre a-mour.

Pri-ons Dieu qu'il nous fas-se con-naî-tre les pé-chés que nous a-vons com-mis au-jour-d'hui, a-fin que nous puis-sions les dé-tes-ter.

Fai-tes par vo-tre grâ-ce, Sei-gneur, que je con-nais-se le nom-bre de mes pé-chés et l'a-ver-sion que vous en a-vez, a-fin que je puis-se les dé-tes-ter, en con-ce-voir u-ne dou-leur a-mè-re, et que je ne re-tom-be pas dans mes in-fi-dé-li-tés pas-sées.

Exa-mi-nons no-tre cons-ci-en-ce, re-cher-chant tous les pé-chés que nous a-vons com-mis au-jour-d'hui, par pen-sées, par pa-ro-les, par ac-tions et par o-mis-sion, nous ar-rê-tant prin-ci-pa-le-ment à ceux aux-quels nous a-vons un plus grand pen-chant.

On s'ar-rê-te i-ci pour don-ner à cha-cun le loi-sir d'exa-mi-ner sa cons-ci-en-ce............ et a-près qu'on a re-con-nu ses pé-chés, on dit :

Fai-sons un ac-te de con-tri-tion de tous nos pé-chés.

Je me re-pens de tout mon cœur, mon Dieu, des pé-chés que j'ai com-mis con-tre vo-tre bon-té in-fi-nie. Je les dé-tes-te tous, par-ce qu'ils vous dé-plai-sent. Je vous sup-plie, mon Dieu, de me les par-don-ner.

Je suis ré-so-lu de ne les plus com-met-tre, a-vec le se-cours de vo-tre grâ-ce, que je vous de-man-de très-hum-ble-ment par les mé-ri-tes de la Pas-sion et de la Mort de No-tre-Sei-gneur Jé-sus-Christ vo-tre Fils.

La Con-fes-sion des pé-chés.

Je me con-fes-se à Dieu tout-puis-sant, à la bien-heu-reu-se Ma-rie tou-jours Vier-ge, à saint Mi-chel Ar-chan-ge, à saint Jean-Bap-tis-te, aux A-pô-tres saint Pier-re et saint Paul, à tous les Saints, par-ce que j'ai pé-ché en pen-sées, en pa-ro-les et en œu-vres : par ma fau-te, par ma fau-te, par ma très-gran-de fau-te. C'est pour-quoi je prie la bien-heu-reu-se Ma-rie tou-jours Vier-ge, saint Mi-chel Ar-chan-ge, saint Jean-Bap-tis-te, les A-pô-tres saint Pier-re et saint Paul, et tous les Saints, de pri-er pour moi le Sei-gneur no-tre Dieu.

Que Dieu tout-puis-sant nous fas-se mi-sé-ri-cor-de ; et que nous a-yant par-don-né nos pé-chés, il nous con-dui-se à la vie é-ter-nel-le. Ain-si soit-il.

Que le Sei-gneur tout-puis-sant et mi-sé-ri-cor-di-eux nous ac-cor-de le par-don, l'ab-so-lu-tion et la ré-mis-sion de nos pé-chés. Ain-si soit-il.

No-tre Pè-re qui ê-tes aux Cieux, etc.

Je vous sa-lue, Ma-rie, etc.
Je crois en Dieu, le Pè-re, etc.
Un seul Dieu tu a-do-re-ras, etc.
Les Di-man-ches la Mes-se, etc.

Pri-è-re à l'An-ge Gar-dien.

Mon bon An-ge qui m'a-vez é-té

don-né de Dieu pour me gar-der et me con-ser-ver, ins-pi-rez-moi sa sain-te vo-lon-té, et me con-dui-sez dans le che-min du sa-lut. Ain-si soit-il.

Pri-è-re à tous les Saints.

Saints et Sain-tes qui jou-is-sez de Dieu dans le Ciel, pri-ez No-tre-Sei-gneur qu'il me fas-se la grâ-ce d'y ar-ri-ver un jour, et qu'il m'as-sis-te dans tous mes be-soins.

Pour con-clu-re, on dit : Ef-for-çons-nous de nous met-tre dans les dis-po-si-tions où nous vou-drions ê-tre trou-vés s'il nous fal-lait mou-rir cet-te nuit.

Dans l'in-cer-ti-tu-de où je suis si la mort ne me sur-pren-dra point cet-te nuit, je vous re-com-man-de mon â-me, ô mon Dieu : ne me ju-gez pas en vo-tre co-lè-re, mais par-don-nez-moi tous mes pé-chés pas-sés : je les dé-tes-te de tout mon cœur, et je vous pro-tes-te que jus-qu'au der-nier sou-pir je veux vous être fi-dè-le, et que je ne dé-si-re vi-vre que pour vous, mon Sau-veur et mon Dieu, pour l'a-mour du-quel je par-don-ne à tous ceux qui m'ont of-fen-sé, com-me je de-man-de par-don à tous ceux que j'ai of-fen-sés.

Que les â-mes des fi-dè-les dé-funts re-po-sent en paix par la mi-sé-ri-cor-de de Dieu. Ain-si soit-il.

En se met-tant au lit, il faut pren-dre de l'eau bé-ni-te, fai-re le si-gne de la Croix, et di-re : Mon Dieu, fai-tes-moi la grâ-ce de bien vi-vre et de mou-rir sain-te-ment.

IX.e LEÇON.

LECTURE COURANTE.

DE LA LIAISON DES MOTS ET DE LA PONCTUATION.

1.° *De la Liaison des mots.*

Quoique la plupart des consonnes soient ordinairement nulles à la fin des mots, il faut cependant faire sentir celle qui se trouve à la fin d'un mot qui doit être lié dans la prononciation avec la voyelle qui suit : alors le *c*, le *g* et le *q* se prononcent comme le *k*,

Le *d*, comme le *t*,

Le *f*, comme le *v*,

Et le *s* et le *x*, comme le *z*.

EXEMPLE :

On écrit :   On prononce :
avec eux.   a-vè-keu.

sang humain.　　san-ku-main.
cinq amis.　　　cin-ka-mi.
grand homme.　　gran-to-me.
neuf ans.　　　　neu-van.
vous avez.　　　vou-za-vé.
dix écus.　　　　di-zé-cu.

Remarque. La liaison de la consonne finale avec la voyelle qui suit a rarement lieu dans la lecture ordinaire et dans la conversation.

Dans la déclamation au contraire elle a lieu très-souvent.

2.º *De la Ponctuation.*
Signes principaux.

Figure.	Nom.
.	Point.
,	Virgule.
;	Point et Virgule.
:	Deux Points.
?	Point d'interrogation.
!	Point d'exclamation.

La ponctuation sert à marquer la distinction des sens et les pauses qu'on doit faire en lisant.

Outre les pauses indiquées par la ponctuation, il y en a d'autres qu'exige souvent le besoin de respirer et le sens de la phrase.

On donne le nom de phrase à un ou à plusieurs mots qui forment un sens complet.

ABRÉGÉ
DE
L'HISTOIRE SAINTE.

ANCIEN TESTAMENT.

Qu'est-ce que l'Histoire sainte ?

L'Histoire sainte est l'histoire de notre Religion ; elle nous apprend les grandeurs de Dieu et les merveilles qu'il a opérées pour nous. Le livre qui renferme toutes ces merveilles est le plus ancien livre du monde ; Dieu nous y fait connaître, d'une manière également claire et certaine, ce qu'il est, ce que nous sommes, et à quoi il nous a destinés.

De quelle utilité est l'étude de l'Histoire sainte ?

L'utilité en est si grande, que quiconque saura s'y appliquer avec foi et humilité, apprendra tout ce qu'il faut savoir pour être honnête homme et bon chrétien. Outre qu'elle renferme des preuves convaincantes de l'existence d'un souverain Être, et de la vérité de notre Religion, elle contient encore d'excellents modèles de toutes les vertus, et toutes sortes de personnes peuvent y apprendre leurs devoirs et leurs obligations.

Quels sont les plus parfaits modèles de vertu que l'Écriture sainte fournit ?

En voici plusieurs : ABEL nous fait voir en sa personne la plus pure innocence ; NOÉ nous donne un grand exemple de la persévérance dans la justice ; ABRAHAM et ISAAC, celui d'une obéissance parfaite. Nous apprenons de JACOB, la constance nécessaire dans les travaux ; de JOSEPH, la crainte de Dieu et l'oubli des injures ; de JONATHAS, la vraie amitié ; et de BOOS, la libéralité et la manière de l'exercer. Nous trouvons dans DAVID, le Héros, le Roi, le politique, le vrai pénitent et le Saint. Enfin Job est un modèle accompli d'une patience à l'épreuve dans les plus grandes afflictions.

Quels avantages a l'Histoire sainte sur l'Histoire profane?

L'Histoire sainte a deux grands avantages sur l'Histoire profane, la *certitude* et l'*ancienneté*. La certitude, en ce qu'elle a été écrite par des Prophètes inspirés de Dieu ; l'ancienneté, en ce que Moïse 18, qui est l'au-

---

18 Prononcez Mo-ï-ze.

Les deux points qui sont sur l'ï dans Moïse s'appellent tréma. La voyelle sur laquelle ces deux points se trouvent placés, doit être toujours prononcée séparément de la voyelle qui la précède.

teur du Pentateuque, vivait plus de mille ans avant Hérodote, le père de l'Histoire profane, qui commença d'écrire dans le temps qu'Esdras achevait de mettre en ordre les livres saints. D'ailleurs l'Histoire profane peut bien faire des politiques et même d'honnêtes gens, mais elle ne saurait faire des Saints.

Par quel moyen peut-on savoir la suite des évènements depuis la création du monde jusqu'à présent ?

Par le moyen de la Chronologie, qui est la science des temps, et les temps marqués par des évènements mémorables, se nomment époques.

Combien compte-t-on d'époques fameuses depuis la création du monde jusqu'à présent?

On en compte sept, qu'on appelle les sept âges du monde.

Le premier âge a commencé avec le monde, et s'est terminé au déluge. Il comprend seize cent cinquante-six ans.

Le second âge a commencé à la fin du déluge, et a fini à la vocation d'Abraham. Il a duré quatre cent vingt-six ans.

Le troisième âge a commencé à la vocation d'Abraham, et s'est terminé à la sortie du peuple Juif de l'Egypte. Il a duré quatre cent trente ans.

Le quatrième âge a commencé à la sortie du peuple Juif de l'Egypte, et a fini à la fondation du Temple de Salomon. Il comprend quatre cent soixante-dix-neuf ans.

Le cinquième âge a commencé à la fondation du Temple, et s'est terminé à la fin de la captivité des Juifs à Babylone. Il a duré quatre cent soixante-seize ans.

Le sixième âge a commencé à la fin de la captivité des Juifs, et à la liberté que Cyrus, Roi de Perse, leur accorda. Il a fini à la naissance de Jésus-Christ 19, et il comprend cinq cent trente-deux ans.

Le septième âge commence à la naissance de Jésus-Christ. Il a déjà duré dix-huit cent trente-sept ans.

Qui a créé le monde ?

C'est Dieu. L'Ecriture sainte dit qu'il créa d'abord la matière dont il tira les différentes parties qui composent l'univers, et qu'il mit six jours à cet ouvrage.

---

19 On appelle trait d'union le petit signe que vous voyez entre le mot *Jésus* et le mot *Christ*.

Le trait d'union se met ordinairement entre deux mots tellement joints ensemble qu'ils n'en font plus qu'un.

Le premier jour il fit la lumière, en disant : *que la lumière soit faite*, et aussitôt la lumière fut faite.

Le second jour il fit le firmament, auquel il donna le nom de Ciel.

Le troisième jour il rassembla en un même lieu les eaux qui couvraient la terre, et il donna à ce grand amas d'eau le nom de mer ; ensuite il commanda que la terre produisît des plantes et des arbres de toute espèce.

Le quatrième jour il fit le Soleil et la Lune, et tous les astres du firmament.

Le cinquième jour il créa les oiseaux qui volent dans l'air, et les poissons qui nagent dans l'eau.

Le sixième jour, après avoir ordonné à la terre de produire toute sorte d'animaux, il fit Adam, le premier homme, et il le fit à son image et ressemblance, et se reposa le septième jour.

PREMIER AGE.

Comment Dieu créa-t-il Adam ?

Il fit son corps de terre, et lui donna une ame immortelle et raisonnable, pour le distinguer du reste des animaux. Dieu ayant ensuite fait dormir Adam, lui tira une de ses côtes dont il forma sa femme Eve. Adam en s'éveillant lui dit : *voilà l'os de mes os et la chair de ma chair.* Dieu les mit dans le paradis terrestre, leur permit de manger de tous les fruits qui y étaient, excepté de celui de l'arbre de la science du bien et du mal, dont il leur défendit de manger sous peine de mort.

Adam jouit-il long-temps d'un si parfait bonheur ?

Non, le Démon, qui avait été précipité dans l'Enfer, en punition de son orgueil, jaloux de la félicité d'Adam, n'oublia rien pour la lui faire perdre.

Déguisé en serpent, il persuada à Eve, que si elle mangeait du fruit défendu, elle serait aussi savante que Dieu. Eve, séduite, détourna bientôt Adam de l'obéissance qu'il devait à son Créateur. Mais à peine Adam eut-il mangé le fruit fatal, qu'il reconnut sa nudité et sa désobéissance. Dieu l'en punit en le chassant du Paradis terrestre, et en l'assujettissant, lui et toute sa postérité, à la mort et aux autres peines du péché ; mais en même temps il lui promit d'envoyer son Fils pour être le réparateur du genre humain.

Que nous apprend une punition si terrible ?

Elle nous apprend combien le péché est désagréable à Dieu et difficile à réparer, puisqu'il a fallu que le propre Fils de Dieu soit venu nous racheter et nous préserver, par sa mort, de la mort éternelle que nous avions tous méritée par le péché de notre premier père.

Combien Adam eut-il d'enfans, et qu'est-ce que l'Ecriture sainte nous en apprend ?

Adam eut plusieurs enfans; mais l'Ecriture sainte n'en nomme que trois, Caïn, Abel et Seth. Caïn, jaloux de ce que les sacrifices de son frère Abel étaient agréables à Dieu, le tua ; et en punition de son crime, il fut errant et vagabond sur la terre, et père d'une race méchante comme lui. Il bâtit la première ville du monde, qu'il appella Henochia [20] du nom d'Hénoc, un de ses fils. Désespérant de pouvoir jamais obtenir le pardon de son crime, il se retira de devant le Seigneur, et mourut dans son impénitence.

---

[20] Prononcez : E-no-ki-a.

Dans les mots qui nous viennent du grec et de l'hébreu, *CH* se prononce ordinairement comme le *K*.

Qu'arriva-t-il à Seth, troisième fils d'Adam ?

Il succéda à Adam en qualité de patriarche, et imita la piété de son frère Abel. Enos, fils de Seth, commença à invoquer le Seigneur par un culte public ; et Hénoc, un de ses descendants, mérita par ses éminentes vertus d'être enlevé au Ciel. Les descendants de Seth demeurèrent long-temps fidèles à Dieu, et furent pour cela appelés les enfans de Dieu, au lieu que les enfans de Caïn qui étaient méchants, se nommèrent enfans des hommes. Mais à la fin ils se corrompirent tous par les alliances qu'ils contractèrent ensemble.

Quels hommes naquirent de ces alliances ?

Ce furent les géants, moins fameux par leur énorme grandeur que par le débordement de leur vie. Leurs crimes furent si affreux, et la corruption si générale, que Dieu ne trouva que Noé de juste sur la terre. Il se repentit alors d'avoir fait l'homme, et résolut de l'exterminer de dessus la terre avec les animaux, par un déluge universel, et de ne sauver que Noé qui avait trouvé grâce devant lui.

Comment Dieu sauva-t-il Noé du déluge ?

Il lui ordonna de bâtir l'arche, qui était un vaisseau, dont il lui marqua les mesures et les proportions. Noé fut cent ans à la construire. Pendant ce temps-là, il exhortait les hommes à la pénitence ; mais ils demeurèrent incrédules. Au bout de ce terme, Noé fit entrer sa famille, qui n'était qu'au nombre de huit personnes, dans l'arche, avec des animaux de chaque espèce. La mer se déborda alors de tous côtés, et Dieu fit pleuvoir pendant quarante jours et quarante nuits.

L'inondation fut si grande, que les eaux s'élevèrent quinze coudées au-dessus des plus hautes montagnes. Enfin l'arche s'arrêta sur le mont ARARATH en Arménie, et Noé en sortit après y avoir été enfermé un an.

L'arche était la figure de l'Eglise de Jésus-Christ, hors de laquelle il n'y a point de salut.

DEUXIÈME AGE.

Le deuxième âge a commencé à la fin du déluge, et a fini à la vocation d'Abraham. Il a duré quatre cent vingt-six ans.

Que fit Noé après le déluge?

Il offrit un sacrifice à Dieu

en reconnaissance de ce qu'il l'avait préservé de la destruction générale du genre humain. Ensuite il planta la vigne ; mais ayant bu inconsidérément du vin qu'elle avait produit, parce qu'il n'en connaissait pas la force, il s'endormit dans une posture indécente. Cham, le second de ses fils, appela ses frères Sem et Japhet, pour en rire ; mais ceux-ci le couvrirent de leurs manteaux. Noé, qui en fut instruit à son réveil, donna sa bénédiction à Sem et à Japhet, et sa malédiction à Cham. Dieu maudit en même temps cet indigne fils, pour

apprendre aux enfants à respec-
ter leurs pères en quelque état
qu'ils puissent être.

*Que firent les enfants de Noé
après sa mort ?*

Ils partagèrent la terre entre
eux. Japhet eut l'Europe, Cham
l'Afrique, et Sem l'Asie orien-
tale. C'est d'eux que viennent
tous les hommes. Leurs descen-
dans se multiplièrent tellement,
qu'ils furent obligés de se sépa-
rer ; mais avant de se disper-
ser dans différents pays, ils
formèrent la résolution d'élever
la tour de BABEL.

Xe LEÇON.

DES CHIFFRES.

On appelle chiffres certains signes ou caractères dont on se sert pour représenter les nombres et faciliter le calcul.

Il y a plusieurs sortes de chiffres.

Voici ceux qu'il nous importe le plus de connaître :

CHIFFRES ARABES.

0 1 2 3 4 5 6 7 8 9

Zéro, un, deux, trois, quatre, cinq, six, sept, huit, neuf.

CHIFFRES ROMAINS.

I V X L C D M

Un, cinq, dix, cinquante, cent, cinq cents, mille.

CHIFFRES ARABES ET CHIFFRES ROMAINS

depuis un jusqu'à mille.

1	I	Un
2	II	Deux
3	III	Trois
4	IV	Quatre
5	V	Cinq
6	VI	Six
7	VII	Sept
8	VIII	Huit
9	IX	Neuf
10	X	Dix
11	XI	Onze
12	XII	Douze
13	XIII	Treize
14	XIV	Quatorze
15	XV	Quinze

16	XVI	Seize
17	XVII	Dix-sept
18	XVIII	Dix-huit
19	XIX	Dix-neuf
20	XX	Vingt
30	XXX	Trente
40	XL	Quarante
50	L	Cinquante
60	LX	Soixante
70	LXX	Soixante-dix
80	LXXX	Quatre-vingt
90	XC	Quatre-ving-dix
100	C	Cent
200	CC	Deux cents
300	CCC	Trois cents
400	CD	Quatre cents
500	D	Cinq cents
600	DC	Six cents

700	DCC	Sept cents
800	DCCC	Huit cents
900	CM	Neuf cents
1,000	M	Mille.

FIN.

www.ingramcontent.com/pod-product-compliance
Lightning Source LLC
LaVergne TN
LVHW050622090426
835512LV00008B/1612